读客®文化

牢记《孙子兵法》口诀

华杉 著

江苏凤凰文艺出版社
JIANGSU PHOENIX LITERATURE AND
ART PUBLISHING

图书在版编目（CIP）数据

牢记《孙子兵法》口诀 / 华杉著 . -- 南京 : 江苏凤凰文艺出版社 , 2021.9（2025.4 重印）
ISBN 978-7-5594-6256-5

Ⅰ . ①牢… Ⅱ . ①华… Ⅲ . ①兵法 - 中国 - 春秋时代 ②《孙子兵法》 - 通俗读物 Ⅳ . ① E892.25-49

中国版本图书馆 CIP 数据核字 (2021) 第 179327 号

牢记《孙子兵法》口诀

华杉　著

责任编辑　丁小卉
特约编辑　陆诗怡　阙先婕　王小月
装帧设计　张　璐
责任印制　刘　巍
出版发行　江苏凤凰文艺出版社
　　　　　南京市中央路 165 号，邮编：210009
网　　址　http://www.jswenyi.com
印　　刷　三河市龙大印装有限公司
开　　本　880 毫米 ×1230 毫米 1/32
印　　张　6.75
字　　数　109 千字
版　　次　2021 年 9 月第 1 版
印　　次　2025 年 4 月第 5 次印刷
标准书号　ISBN 978 - 7 - 5594 - 6256 - 5
定　　价　36.00 元

目录

第一章
当机立断口诀

01 / 当机立断口诀

孙子曰：兵者，国之大事，死生之地，存亡之道，不可不察也。

——《孙子兵法·计篇》

华杉曰

孙子把敬畏心提到了首要高度，把军事关系国家生死存亡的本质提到了兵法之首。

“死生之地，存亡之道”的敬畏心，仅对手握重兵的军事家有警示意义吗？非也，对我们每个人都有意义。

如果我们每个人都能有这份敬畏心、责任心，认识到自己的一举一动，都可能是对自己、对家庭、对公司、对客户、对他人、对社会的“死生之地，存亡之道”，那可以挽救多少财产和生命！

我的岗位，就是死生之地；我的举措，关系存亡之道。希望每个人都有这份敬畏心和责任心。

02 / 当机立断口诀

故经之以五事，校之以计，而索其情。一曰道，二曰天，三曰地，四曰将，五曰法。

——《孙子兵法 · 计篇》

华杉曰

《孙子兵法》中的“计”，不是算计，而是计算敌我双方的力量，进行优劣势比较，就像SWOT分析（优劣势分析）模型，分析优势、劣势、机会、威胁。

比较五个科目：道、天、地、将、法。

“道”，是恩信使民，你的人民听不听你的；你的君主是有道明君，还是无道昏君。所以“道”是比较双方的政治，比较双方君主的领导力。

“天”，是上顺天时，“地”，是下知地利。同样一件事，有时机才干得成，时机不对就不能干。

“将”，是委任贤能。

最后是“法”。这个“法”，不是国内的法治，是军法。国内法治属于“道”，在最前面。

03 / 当机立断口诀

道者，令民与上同意也，故可以与之死，可以与之生，而不畏危。

——《孙子兵法 · 计篇》

华杉曰

孙子的道，定义非常明确，“令民与上同意也”，让人民与君上，士兵与大将，意见一致，就是我们常说的“上下同欲者胜”。

上下同心同德同欲，是战争的国内政治基础。全国人民支持你，你再打；不支持，就不要轻举妄动。

把道列在第一条，也就能明白，在战争中，宣传机器和战争机器一样重要，甚至比战争机器更重要。

有的传播学家把孙子列为第一个提出战争宣传的人，而战争宣传，也是传播学的重要起点。“一战”后，拉斯韦尔所著的《世界大战中的宣传技巧》，成为传播学经典巨著，其中很多思想与《孙子兵法》相同。

04 / 当机立断口诀

天者，阴阳、寒暑，时制也。

——《孙子兵法·计篇》

华杉曰

兵家讲天，应说有三层含义。

其一，是天下大势，顺天应人；其二，是所谓夜观星象，望云望气，龟灼占卜；其三，是寒暑四时，天气预报，利用气象条件作战。

兵家的天，是军事气象学。至于观星、望云、望气、占卜、烧乌龟背，那是宣传工作，为政主事者从未相信过。

05 / 当机立断口诀

地者，远近、险易、广狭、死生也。

——《孙子兵法·计篇》

华杉曰

置之死地则兵士必战，置之生地则容易逃散。

打仗关键靠行军，行军是战斗的一部分，甚至是比交火更重要的部分。很多人认为交火了，开炮了，才是“打起来了”，实际上，开炮的时候，胜负已定了。行军，要在正确的时间、正确的地点，出现正确的兵力，这才是决定胜负的关键。

行军必是无人之境，交火必是有利地形、优势兵力。

不仅强调行军是战斗的一部分，宿营也是战斗的一部分，要按战斗的规划来选择宿营地。宿营既是战斗地形问题，也是士气问题、战斗力问题。

对于战斗而言，交火开打只是最后见分晓的那一步，主要功夫全在诗外。我们的工作不也是一样吗？

06 / 当机立断口诀

将者，智、信、仁、勇、严也。

——《孙子兵法·计篇》

华杉曰

人们常说智勇双全，孙子则在智、勇之间，又加上了信和仁。

什么是“信”呢？

信，有赏罚分明之信，也有默契之信。因为很多时候你不是最高统帅，不是国君，不掌握赏罚的全部权力。但你也是一级领导，也要带兵打仗。这种情况，西点军校有一条对领导力的要求——**心里装着对方的利益，并有能力让对方清楚这一点。**

所以信不仅是一种机制，更是一种人格力量。首先，你心里要装着对方，这一点是本质。心里没装着，就没法真信。其次，你要有能力让对方知道。别你心里装着他，他却不知道，就跑了。

什么是“仁”？

“爱人悯物”，这四个字是本质，要爱人，还要悯物。爱惜公物也是仁，不爱惜物品，随意浪费，就是不仁。

07 / 当机立断口诀

法者，曲制、官道、主用也。

凡此五者，将莫不闻，知之者胜，不知者不胜。

——《孙子兵法·计篇》

华杉曰

“道、天、地、将、法”五事，“法”在末位，一般人不太重视，简单以军法严明视之。事实上，这一条技术含量太高了，为将者大半工作都在这儿，交战倒是就那一下子。

“曲制”，是组织架构、部队编制、指挥系统。“官道”，是人事制度。“主用”，是物资管理和财务制度。

“法”，是管理，是管理办法。管理在现代社会成为一个专业词汇，而现代管理学，就脱胎于军队的管理。

“道、天、地”，是大略；“将”和“法”，则是雄才，能组织、动员、驾驭、推动。

成功的企业家，都是雄才大略兼备。而雄才又比大略重要。因为大略可以问别人，而雄才只能在自己身上。

08 / 当机立断口诀

故校之以计，而索其情，曰：主孰有道……

——《孙子兵法·计篇》

华杉曰

对“道、天、地、将、法”进行比较，第一是“主孰有道”，即哪一方的君主有道。

有道，是软实力。有道就是儒家的王道，是巨大的号召力。孟子讲王道和霸道的区别，说霸道需要大国，需要地盘实力，地方千里，带甲十万，有多大实力，就霸多大地盘；王道则不需要，小国也可行王道，得天下。

孟子之言，对事业规模小的人很有启示。**王道不是王者之道，是如何成为王者之道。**

09 / 当机立断口诀

计利以听，乃为之势，以佐其外。势者，因利而制权也。兵者，诡道也。

——《孙子兵法·计篇》

华杉曰

前面说了孙子的“计”，不是阴谋诡计、奇谋巧计，而是计算比较。不过孙子也不是不讲阴谋诡计。“兵者，诡道也”，下面他就要开始讲诡计了。

庙算的SWOT分析是根本，是基本面，“计利以听”，就是算下来有胜算了，可以战了。

“乃为之势，以佐其外”，在基本面之外，常法之外，造势以相佐。

势是什么呢？“因利而制权也。”

“势”，是形势的势，到了战场上，**根据形势的变化，如何趋利避害，如何化不利为有利、相机行事，如何借势，如何造势。**

10 / 当机立断口诀

故能而示之不能，用而示之不用，近而示之远，远而示之近；利而诱之，乱而取之，实而备之，强而避之，怒而挠之，卑而骄之，佚而劳之，亲而离之。

——《孙子兵法·计篇》

华杉曰

孙子在这里一口气讲了十二条诡道，大多数诡道的出发点是诱导对方进行错误判断，造成对方失误。

对方不上当，不失误，怎么办呢？等待，跟他熬，派间谍，各种布置安排。总之，一定要等到平衡被打破，胜算已见，才能出战。

孙子的观念是先胜后战，不胜不战。没有胜算就等。

不能等待，是巨大的性格缺陷。有些人总觉得战斗才是英雄男子汉的体现，不懂得等待也是战斗的一部分，而且是非常重要的组成部分。

11 / 当机立断口诀

攻其无备，出其不意。

——《孙子兵法·计篇》

华杉曰

吴起讲将道，有一句话叫“出门如见敌”，就是随时保持警觉。

儒家讲君子之道，讲“戒慎恐惧”，戒慎不睹，恐惧不闻。随时警醒，有自己没见过的地方，不知道的事情，要注意。《诗经》说：“战战兢兢，如临深渊，如履薄冰”。这些都是这个道理。

领导者要随时注意，保持团队的紧张状态，看谁松懈了，就把发条给他紧一紧，因为松懈就会失败。特别是在战场上，敌人挖空心思都在研究你在什么地方会松懈。你认为没问题，可以放松一下的地方，可能就是他找到的你的薄弱之处。

12 / 当机立断口诀

多算胜，少算不胜，而况于无算乎！

——《孙子兵法·计篇》

华杉曰

《计篇》的内容，概括说就是“五事七计，十二诡道”。“五事”，是道、天、地、将、法，计算比较敌我双方这五个方面，得到“七计”，七个计算比较的结果：主孰有道？将孰有能？天地孰得？法令孰行？兵众孰强？士卒孰练？赏罚孰明？

兵法讲庙算，算的就是这“五事七计”，算下来就知道胜负。有胜算了才打，没有胜算就不打，就韬光养晦，继续准备。准备什么？还是准备“五事七计”，把自己那七个方面的分数打上去。

多算胜，少算败。多想想，多准备准备，如果一点胜算都没有，就不要打了。

实际上，奇谋诡道很容易，就那几招，技术含量很低，只要演戏演得像就行。**但是“五事七计”技术含量就太高了，全是真功夫，是人格，是智慧，是汗水，是时间，是积累。**所以人们爱听“三十六计”，不爱听“五事七计”。

13 / 当机立断口诀

夫钝兵挫锐，屈力殚货，则诸侯乘其弊而起，虽有智者不能善其后矣。故兵闻拙速，未睹巧之久也。

——《孙子兵法·作战篇》

华杉曰

“兵闻拙速，未睹巧之久也”，巧的东西长久不了，就那一下。就像时尚服装一般只能穿一季，最时尚的甚至只能穿一次，而标准衬衣却能穿十年。

“拙速”，曾国藩把它理解为“不疾而速”。**从战略来说，从人生道路来说，老老实实做事，踏踏实实积累，每天进步一点点，二十年后你就会超过所有人**。功夫都在平时，都在基本面。

14 / 当机立断口诀

夫兵久而国利者，未之有也。故不能尽知用兵之害者，则不能尽知用兵之利也。

——《孙子兵法·作战篇》

华杉曰

不完全了解用兵有害方面的人，就不能完全了解用兵的有利方面。

李嘉诚说，做任何事情先考虑失败。

经营和打仗一样，是九死一生的事情。其实经营比打仗的胜算还低十倍，因为打仗就是两方打，不是你胜就是我胜，经营是你不知道跟谁在打。任何事情都有可能发生，我们不要一脸无辜："怎么会这样？"不能"成功了都是自己伟大，失败了那是环境变化"。环境本来没义务等我，先能避害，然后才可趋利。因为利今天没有，明天还可以再图，而害却可能让我们输掉老本，彻底出局。所以**避害比趋利重要得多**。

为什么我们的趋利意识总是百倍于避害意识呢？主要是因为存在侥幸心理，总想赌一把。

15 / 当机立断口诀

善用兵者，役不再籍，粮不三载。

——《孙子兵法·作战篇》

华杉曰

“役不再籍”，就是一次征兵就解决问题，不要仗打了一半，人打没了，又回国征兵。

“粮不三载”，这要求更高了。“不三载”，就是两载。去的时候带一次粮食，回来的时候再送一次粮食给军队在路上吃。中间吃什么呢？“因粮于敌”，吃敌人的，能克敌拔城，得了他的储备，就不用国内运粮了。楚汉相争，刘邦就是先占了秦朝留下来的中央粮库——敖仓。楚军饿得嗷嗷叫，他始终不愁吃不愁穿。

一次把事情做对，一次搞定，不返工，就是最高效率。做任何事道理都一样。

16 / 当机立断口诀

故杀敌者，怒也；取敌之利者，货也。

——《孙子兵法·作战篇》

华杉曰

杀敌靠愤怒，夺敌靠奖赏。

军队出征，必须给士兵一个杀敌的理由，让每个人都成为“激情杀人”的亡命徒。这就要利用人的感情。有两种感情可以让人忘记生命危险，一是愤怒，怒气上来，就什么也不顾；二是贪婪，人为财死，鸟为食亡。

17 / 当机立断口诀

故兵贵胜，不贵久。

故知兵之将，生民之司命，国家安危之主也。

——《孙子兵法·作战篇》

华杉曰

“司命”，是天上管人生死寿命的星宿。大将就像司命一样，管着人民的生死寿命。长平之战，赵国由廉颇做司命，大家的命都还在。换赵括做司命，四十万人就没了，国家也危急了。第一次世界大战打成了绞肉机，断送了无数年轻人的生命，也是那些民之司命的罪责。

其实我们每个人都有“生死存亡之道”。我们常说记者是“笔下有财产万千，笔下有人命关天，笔下有是非曲直，笔下有毁誉忠奸”，**无论你手里是枪还是笔，或是汽车的方向盘，你的举动都关乎他人的生命财产安全，孙子就教给我们这样的敬畏心和责任感。**

18 / 当机立断口诀

孙子曰：凡用兵之法，全国为上，破国次之；全军为上，破军次之；全旅为上，破旅次之；全卒为上，破卒次之；全伍为上，破伍次之。是故百战百胜，非善之善者也；不战而屈人之兵，善之善者也。

——《孙子兵法·谋攻篇》

华杉曰

百战百胜不是什么好事。用李克对魏文侯说的话就是：“数胜必亡”。为什么呢？每一次战争都有代价、有消耗。百战则民疲，百胜则主骄。你又疲惫又骄傲，对方则憋足了劲要雪耻，可能下一仗就翻盘了。再说了，都百战百胜了，还在打，可见这胜的质量不高，没解决问题。

所以，不战而屈人之兵，是“善之善者也”，传檄而定，写封告示就平定了。次之呢，也要**一战而定，打一仗就解决问题。胜而不定，则胜利无意义。百战百胜，这本身就是问题。**

19 / 当机立断口诀

故上兵伐谋，其次伐交，其次伐兵。

——《孙子兵法·谋攻篇》

华杉曰

“上兵伐谋”，不是说打仗要用计谋，而是说要破坏敌方的计谋。计谋双方都有，双方都是谋定而后动，把敌方的谋伐掉，他就动不了了。

“伐交”，则是破坏他的外交，打散他的盟友。

“其次伐兵”，那是“伐谋”“伐交”都弄不成，不得已才动刀兵。

20 / 当机立断口诀

其下攻城。攻城之法，为不得已。修橹轒辒，具器械，三月而后成；距堙，又三月而后已。将不胜其忿而蚁附之，杀士卒三分之一，而城不拔者，此攻之灾也。

——《孙子兵法·谋攻篇》

华杉曰

攻城是下策，不得已而为之。

攻城是个慢功夫，是个细活儿。如果大将性格急躁，搞“蚁附”战术，让步兵密集强攻，像蚂蚁一样往城楼上爬，士兵死了三分之一，还攻不下来，那是灾难性的。

孙子的思想，一贯是赢不赢先别说，关键是自己先别输。胜了敌人不等于赢了，关键是你自己变得更强了，还是更弱了。别得不偿失，别草菅人命。

21 / 当机立断口诀

故善用兵者，屈人之兵而非战也，拔人之城而非攻也，毁人之国而非久也，必以全争于天下，故兵不顿而利可全，此谋攻之法也。

——《孙子兵法·谋攻篇》

华杉曰

孙子这里总结“谋攻”，谋攻就是谋全，全利原则，自己不损失，敌方资产也不破坏。要全取其利，就要“三非”：非战，非攻，非久。

孙子的思想是，做任何事之前，第一考虑风险，第二考虑代价，第三才考虑利益。

有两样东西最能驱使人犯错，一是利益诱惑，二是焦虑。人们常说见利忘义，其实更普遍的情况是“见利忘害”。焦虑也会使人出错，人一焦虑，就想有所动作。你要他非战、非攻，要他等待、忍耐，他怎么能做到呢？

如何避免呢？就**是以失败为假设前提来考虑问题**。我们习惯的思维方式是以成功为假设前提，因为我做一件事，是为了把它干成，那我思考、分析、判断、谋划、决策，都是围绕如何能成功，这不很自然吗？

《孙子兵法》的出发点则不是这样，他是处处以失败为假设前提，思考、分析、判断、谋划、决策都是为了避免失败，减少代价，立于不败之地，然后用计、等待，一战而定。

22 / 当机立断口诀

敌则能战之，少则能逃之，不若则能避之。故小敌之坚，大敌之擒也。

——《孙子兵法·谋攻篇》

华杉曰

孙子是极其保守谨慎之人，先胜后战，没有胜算就不打。只要兵比敌人少，就不跟他打。这一点似乎跟我们平时宣扬的价值观不一样，我们津津乐道的都是以少胜多，历史上以少胜多的战例比比皆是，怎么就不能打呢？

这在管理学上叫“沉默的证据”，真正的绝大多数大概率事件，都沉默无言，所以你不知道。而那些小概率事件，以少击多居然打赢的，人人都替他大肆宣扬，几千年后你还知道，这些例子累积起来，倒显得比比皆是，成了主流了。

人性的特点是要赢，但现实很可能是要输，要懂得认输。宏碁的施振荣老先生说：“认输才会赢。”这句话很有哲理。我们也可以说，输了，生活还会继续。输掉的我们认了，保住和扩大我们赢得的。

23 / 当机立断口诀

故知胜有五：知可以战与不可以战者胜。

——《孙子兵法·谋攻篇》

华杉曰

孙子讲五个知胜之道，不是制胜之道，这是孙子“胜可知而不可为”的思想，不指望在战场上靠运气获胜，而是在必胜条件下一战而定。所以第一条就是知可以战与不可以战，动手之前，你要知道能不能赢。

这就对判断力提出了很高的要求，你怎么知道自己必胜呢？我的实际工作体会：必胜不可知，必败则是可知的。

比如说做一个方案，最重要的能力不是“出创意”，而是“有判断”，随时知道自己走到了哪一步，能不能得手。

所以说判断力是创造力的前提，只有在判断中创造，才是真正的创造，否则就是天马行空、无边无际。

成功是偶然的，失败是必然的。这个认识很重要，不要轻举妄动。

千难万难，判断最难。

24 / 当机立断口诀

识众寡之用者胜。

——《孙子兵法·谋攻篇》

华杉曰

“知胜五道”第二条，“识众寡之用者胜”。知道兵多兵少怎么用的人能胜。这句话概括说有以下三个方面：

一是知道需要用多少兵；二是你能带多少兵，这体现你的管理能力和组织动员的能力；三是兵怎么带、怎么用。

所谓“治众如治寡”，韩信带兵，多多益善，给他一百万兵，他跟带一百人一样容易。这就有一套组织架构和管理体系。

25 / 当机立断口诀

上下同欲者胜。

——《孙子兵法 · 谋攻篇》

华杉曰

“知胜五道”之三：“上下同欲者胜。”

如何做到呢？首先要承认上下不同欲。

你知道不同，你才能想办法同。你认为别人都该跟你同，什么也不需要做，就永远没人跟你同了。

上下不同欲，就是韩非子说的“君臣异利”。君和臣，利益所在不一样！

君臣异利，上下不同欲，怎么办呢？韩非子的逻辑是君臣互市，做交易，就是建立公平透明的激励机制。君不必仁，臣不必忠，在这种机制下，自然君王仁爱，群臣忠勇。

君臣之间，不要讲感情、报恩、爱戴之类，但每个人必须忠于自己的角色责任，忠于职守和游戏规则。

在机制设计上假设每个人都是坏人，让坏人为了自己的利益也只能做好事。在道德品质上提倡每个人都做好人，让好人好上加好。这就能“上下同欲者胜”了。

26 / 当机立断口诀

以虞待不虞者胜。

——《孙子兵法·谋攻篇》

华杉曰

“知胜五道”之四：“以虞待不虞者胜。”

“虞”，是预料、预备、防备的意思。成语“尔虞我诈”，就是相互防备、相互欺骗的意思。

我们经常听人说：“我白准备了，白浪费了。”这个观念就是兵法要反对的。绝大部分准备，都是“白准备”，因为准备本来就是“不防一万，只防万一”的，所以**每一次有效准备的背后，都有九千九百九十九次“白准备”**。

这就是要真正认识“以防万一”！防的就是万分之一！

“以虞待不虞者胜”，还有一个理解，就是“机会是属于有准备的人”。人生就是不断地埋下伏笔，机会来的时候，你都准备好了。

作战就那一下子，我们99%的工作，都是准备工作。这个道理太深了。人们容易看到的是战利品的多少，时间、资源的分配，总是向收获倾斜，不是向准备倾斜。

我们要做的，就是只问耕耘，不问收获。

27 / 当机立断口诀

故曰：知己知彼者，百战不殆；不知彼而知己，一胜一负；不知彼不知己，每战必殆。

——《孙子兵法·谋攻篇》

华杉曰

知己知彼，我们关注的往往是知彼，认为知己是理所当然的。现实往往不是这样，问题往往出在不知己。现实是你想知彼却得不到，别人怎么回事你怎么知道呢？

所以唐太宗说：“今之将臣，虽未能知彼，苟能知己，则安有不利乎？”

我认为，知己不知彼，胜率不是50%，至少是80%！要把功夫下在知己上。我不管你怎样，因为我也管不着，我只管我怎样，你怎样我都有准备，我还能调动你。

读《曾国藩全集》，他的日记里很少谈敌情，都是研究己方军队建设管理的事。因为敌情，只有打了才晓得。

第二章 灵活应变口诀

28 / 灵活应变口诀

孙子曰：昔之善战者，先为不可胜，以待敌之可胜。不可胜在己，可胜在敌。故善战者，能为不可胜，不能使敌之可胜。故曰：胜可知，而不可为。

——《孙子兵法·军形篇》

华杉曰

人管得了自己，管不了别人。先管好自己，再观察别人。如果敌人无懈可击，我们是没办法取胜的。

“胜可知，而不可为。”可以判断我们能胜，但如果没有胜的形势，不可强求。

不可胜，不可强求，怎么办呢?

首先是不办。很多人败就败在不知道事情可以不办。留得青山在，不怕没柴烧。如果非要办，就会输光了老本。

很多人接受不了这一点，认为这是不作为的表现，必须要有所作为，自己才心安。这是一种“战略焦虑症”，忘了“作为”的代价、损失和风险。事实上不出手并非不作为，而是积累自己、等待时机。

所以第二个策略，就是等待。等什么呢? 一是等形胜，积累自己；二是等势胜，等对方失误。对方一失误，胜机就出现了。对方不失误，我们就没法赢，或者战胜的代价太大，不如再等一等。

所以又有了第三个策略：引诱对方失误。

29 / 灵活应变口诀

不可胜者，守也；可胜者，攻也。守则不足，攻则有余。善守者藏于九地之下，善攻者动于九天之上，故能自保而全胜也。

——《孙子兵法·军形篇》

华杉曰

千万别以为“守”是保守的、是不进取的。**守，本身就是胜的积累，而且是加速积累！**

守，是一个从量变到质变的积累，是深深地藏于九地之下，没人知道你水有多深，因为他们没有在一个地方耕耘过这么久，没有达到过这么深，所以你就能形成最高的竞争壁垒，别人进不来。

那什么叫“善攻者动于九天之上”呢？就是你觉得他在攻击你的时候，他根本没攻击你！这有点像现在说的“降维攻击”，毁灭你，但与你无关。因为他在九天之上，他跟你不在同一个平台，不在同一个层面，不在同一个战场。

当你在“九地之下”的时候，你要耐得住寂寞，接受别人比自己风光。当你厚积薄发、横空出世的时候，人人看你都是“动于九天之上”，别人哪里学得来？他们看到的，都不是你成功的原因，因为你已经活在众人的想象之外。

30 / 灵活应变口诀

古之所谓善战者，胜于易胜者也。故善战者之胜也，无智名，无勇功，故其战胜不忒。不忒者，其所措必胜，胜已败者也。

——《孙子兵法 · 军形篇》

华杉曰

真正善于作战的人，都是战胜了容易战胜的敌人，甚至是战胜了已经失败的敌人。

胜已败者也！这句话要再强调一遍。真正的善战者，不是把敌人打败，而是看见敌人已经败了，他才开打！

善战者没有什么智名，没人说他聪明，也没人说他勇敢。真正的善战者从来没打过可歌可泣的硬仗，全是摧枯拉朽的轻松活儿。

所以**真的智将，他的功劳，常常只有他自己知道**。那就必须耐得住寂寞呀！

31 / 灵活应变口诀

故善战者，立于不败之地，而不失敌之败也。是故胜兵先胜而后求战，败兵先战而后求胜。

——《孙子兵法·军形篇》

华杉曰

打胜仗的军队，总是先获得胜利地位，获得取胜条件之后，才投入战斗。而打败仗的军队，总是冲上去就打，企图在战斗中捕捉机会侥幸获胜。

先胜后战，在取得压倒性优势的前提下作战，绝不心存侥幸，这就是孙子的思想。

有人会说，你这是强者的兵法，弱者怎么能有压倒性优势呢？创业者怎么能立于不败之地呢？

这样理解就错了，这不是强者的兵法，而是所有人的兵法。弱者怎么能有压倒性优势？就是形成局部优势，所谓集中优势兵力打歼灭战。创业者怎么能立于不败之地？手艺资源积累充足了再行动。

32 / 灵活应变口诀

善用兵者，修道而保法，故能为胜败之政。

——《孙子兵法 · 军形篇》

华杉曰

成功都来自日积月累，而不是奇思妙想。成功者都是一直在做最基础的工作，而且始终关注基本面，关注基础工作。《孙子兵法》的核心是先胜后战，“胜”和“战”要分开来看，是两个阶段。先是“胜”，基础工作、基本面就是胜，然后才是“战”。我们的问题在于，总是关注“战”，不关注“胜”，只想取巧求速，所以没有“胜”就去“战”了，那就没有胜算。

33 / 灵活应变口诀

凡战者，以正合，以奇胜。

——《孙子兵法 · 兵势篇》

华杉曰

“以正合，以奇胜”，是《孙子兵法》里被误读最多的一句话。最大的误读，就是“以奇胜”的“奇”，不念qí，念jī，是个数学词汇，奇数的奇，古人又称为“余奇”，多余的部分。正兵安排好了，余下来的就是奇兵，关键的时候用。简单地说，就是预备队。

不要一下子把所有的牌都打完了，留一张在手上，关键时候打出去。这叫分战法，是最基本的战术原则。

两军对阵，先以正合，正兵合战，双方主帅在后面看着，看到关键的时候，投入预备队——奇兵——决胜，这就叫出奇（jī）制胜。但是大家现在都念出奇（qí）制胜，jī就成了qí，将错就错了。

34 / 灵活应变口诀

激水之疾，至于漂石者，势也；鸷鸟之疾，至于毁折者，节也。是故善战者，其势险，其节短。势如彍弩，节如发机。

——《孙子兵法 · 兵势篇》

华杉曰

这里的关键是“其势险，其节短”。势险和节短，关键把握节短。“短”，就是近，距离近、时间短。“势险”，是积累的势能最大，力量最大，“节短”，是释放能量的距离最短、时间最短，那就能准确命中目标而且有最大杀伤力。

善射者不靠百步穿杨！

战，要一战而定；击，要一发而中。所有的功夫，都在研究这一击，蓄积这一击的能量，打磨这一击的箭头，选择这一击的时间地点，而不是乱箭齐发。因为准备好的，其势险、其节短的一击，能保证必中，而且只需要射一箭。而乱箭齐发，不仅射不中，而且需要一大堆人和许多支箭，都要花钱花精力。

35 / 灵活应变口诀

乱生于治，怯生于勇，弱生于强。

——《孙子兵法·兵势篇》

华杉曰

治还是乱，是分数问题。分，是分别，数，是人数，是组织架构，部曲行伍，每一部队分别有多少人。

勇还是怯，是兵势问题。所谓“驱市人以战”，如果要驱使没经过军事训练的人去作战，他怎么能勇敢呢？那就置之死地而后生，不战就得死，在这个形势的逼迫下，每个人就都变成亡命徒了。怎么让士兵勇敢？韩信就让他们背水一战。所以**勇还是怯，不是人的问题，是势的问题。**

36 / 灵活应变口诀

故善战者，求之于势，不责于人，故能择人而任势。任势者，其战人也，如转木石。木石之性，安则静，危则动，方则止，圆则行。

故善战人之势，如转圆石于千仞之山者，势也。

——《孙子兵法 · 兵势篇》

华杉曰

俗话说，形势比人强，胜负之道，在于怎么造势，这得主帅自己研究，而不能求之于下面的人。什么事没干好，你不能骂下面的人不行，执行力太差，或者用强力逼下面的人去干，是你自己没安排好。即便是人不行，也是你自己没选对人。

所以优秀的领导者，求之于势，不责怪下面的人。能够造好势，选对人。

善战者，任势不任人，任势而后择人，把对的人放到对的地方，才是领导力所在。

37 / 灵活应变口诀

孙子曰：凡先处战地而待敌者佚，后处战地而趋战者劳。

——《孙子兵法·虚实篇》

华杉曰

“虚实”，需要注意的是敌人有虚实，我也有虚实。敌人有弱点，我也有弱点。能不能把我全都做实了，所有的地方都防备好，一点都不虚呢？那是不可能的，所有的地方都防备好，就必然所有的地方都防备不好，因为资源是有限的，人的关注点、精力，也是有限的。

不要试图去“解决”自己所有的虚，要学会在有虚有实中战斗；不要试图解决所有问题，而要永远在问题中前进，这就掌握了虚实的精髓。

38 / 灵活应变口诀

故善战者，致人而不致于人。

——《孙子兵法·虚实篇》

华杉曰

“致人”，让敌人来；“致于人”，到敌人那儿去。“善战者”，能调动敌人，而不被敌人调动。

关于“致人而不致于人”，曾国藩也有一句解，叫“喜主不喜客”。跟足球赛一样，主场有优势，客场则先弱了三分。**要想办法让自己打主场，对方打客场。**

39 / 灵活应变口诀

能使敌人自至者，利之也；能使敌人不能至者，害之也。故敌佚能劳之，饱能饥之，安能动之。

——《孙子兵法·虚实篇》

华杉曰

让敌人来，我打主场，他打客场，怎么能让他来呢？就是“利之也”，以利诱之。不想让他来，或要把他调离战场，那就攻其所必救，害其所急，他必然顾不得我，要去救自己的急了。

不要激动。兵法都会，但是一激动就忘了。不要贪，贪就容易上当。不要认为什么东西是一定不能放弃的，那样就会咬别人给你下的钩。除了自己的性命，其他都可放弃。

40 / 灵活应变口诀

出其所不趋，趋其所不意。行千里而不劳之者，行于无人之地也。攻而必取者，攻其所不守也；守而必固者，守其所不攻也。

——《孙子兵法·虚实篇》

华杉曰

“出其所不趋”，“不趋”，来不及救，从敌人来不及救的地方出去。“趋其所不意”，急进到敌人意料不到的方向。

我们常说：“走自己的路，让别人说去吧！”在《孙子兵法》看来，这不是善之善者也，善之善者，是**“走自己的路，别人想不到，也不让别人知道”**。

41 / 灵活应变口诀

故善攻者，敌不知其所守；善守者，敌不知其所攻。微乎微乎，至于无形；神乎神乎，至于无声，故能为敌之司命。

——《孙子兵法·虚实篇》

华杉曰

要获胜，就得避实击虚，对方找不到你的虚，每当他确信找到了，撞上来，正碰上你最实的地方。而当你进攻的时候，总能调动得他露出破绽来，一下子冲散他。

虚实的极致，神出鬼没，不仅掌握自己的命运，而且掌握敌人的命运。

42 / 灵活应变口诀

故我欲战，敌虽高垒深沟，不得不与我战者，攻其所必救也；我不欲战，画地而守之，敌不得与我战者，乖其所之也。

——《孙子兵法 · 虚实篇》

华杉曰

我想跟他战，他虽然高垒深沟，还是不得不出老营跟我野战，那是因为我攻打的是他必须救援的地方。他知道我是调虎离山，围点打援，但他还是不得不来，因为我攻打的地方他不能不救。

我不想跟他作战，就是在地上画条线，他也不敢过来，那是因为我能让他对要来的地方心存疑虑，不敢来。

不能以一次得失的结果来论决策。领导者一天要作出无数决策，很多关系着生死存亡，具有深远影响。要使所有的决策都正确，是不可能的。**单次成败都有偶然因素，而终身成就是用成功消化失败。**

43 / 灵活应变口诀

故备前则后寡，备后则前寡，备左则右寡，备右则左寡。无所不备，则无所不寡。寡者，备人者也；众者，使人备己者也。

——《孙子兵法 · 虚实篇》

华杉曰

“备前则后寡，备后则前寡，备左则右寡，备右则左寡。无所不备，则无所不寡。”这是最本质的道理，我们做事也是一样，**你只能选一头，不能哪头都想占**。哪头都想占，最后就一头也守不住。但是人都贪心，占了一头，就想占下一头，最后就都丢掉了。

44 / 灵活应变口诀

故策之而知得失之计，作之而知动静之理，形之而知死生之地，角之而知有余不足之处。

——《孙子兵法 · 虚实篇》

华杉曰

“知己知彼，百战不殆。”在战前的“知”，是《计篇》讲的“五事七计”。

上了战场，如何在战术层面知彼呢？分析敌我双方计谋，推算谁得谁失。激他一下，看他哪儿动哪儿静，便知他虚实。

这就像我们说的火力侦察。“形之”，就是让他现原形，暴露出军形来，上一句说的“作之而知动静之理”，就是“形之”的方法之一。要较量双方的人数、粮草、装备。他的人比我多，粮草比我充足，装备比我强大，我就不要轻易攻击。

一定要避实击虚，避坚攻脆，避难攻易。

45 / 灵活应变口诀

故形兵之极，至于无形。无形，则深间不能窥，智者不能谋。因形而错胜于众，众不能知；人皆知我之所以胜之形，而莫知吾所以制胜之形。故其战胜不复，而应形于无穷。

——《孙子兵法 · 虚实篇》

华杉曰

学我者生，像我者死。大家表面看见的、讨论的，都不是关键的。关键的有两条，一是当时的前提、条件、情况，二是人家过去十几年、几十年的功力积累。跟人学的人，往往第二条不具备，第一条不知道，光学个热闹，当然是白搭。

还有一点是，兵法要反着学。要多往坏处想，别想得太美。首先不是学怎么算计别人，而是要学会不被别人算计。不要老想着我无形，我形之、误之，然后因他的形而胜之。这样越学越美滋滋，上了战场就玩儿完。要反过来，每读一句，都把自己设想成那个“被形之”的人，不要被误导，不要轻举妄动，先保住自己，再去琢磨别人，那才是兵法之道。

读书是为了观照自己，总是想当然把自己代入胜利一方的角色和情绪中，是人天生的习惯。要注意反过来，把自己假设成失败一方的角色，多想想如何避免失败，才更能学到东西。

学兵法，先学不败，再学战胜。兵法的出发点，首先就是不败，而不是胜利。

46 / 灵活应变口诀

夫兵形象水，水之形，避高而趋下；兵之形，避实而击虚。水因地而制流，兵因敌而制胜。故兵无常势，水无常形，能因敌变化而取胜者，谓之神。

故五行无常胜，四时无常位，日有短长，月有死生。

——《孙子兵法 · 虚实篇》

华杉曰

我们学习用兵如神，最重要的是要知道自己不是神，所以就不可能都是我实敌虚，而更可能是我虚敌实，所以只能倍加谨慎。明白这点就算没白读兵法了。

胜败是智力问题、实力问题，也是概率问题。但就结果而言，**胜败往往是不对等的，胜利不过是得些战利品，失败却可能输掉人生**。我们今天看这个进去了，那个进去了，都是用兵如神一辈子，输掉一次误终身。

第三章 审时度势口诀

47 / 审时度势口诀

军争之难者，以迂为直，以患为利。

故迂其途，而诱之以利，后人发，先人至，此知迂直之计者也。

——《孙子兵法 · 军争篇》

华杉曰

以迂为直，还是想要直。但人生之路，成长之路，本来就是弯弯曲曲、进进退退，没有一帆风顺的。所以要有一个基本认识，弯路也是路，冤枉钱也是钱。**不走弯路，就没有路；不花冤枉钱，就花不了对的钱。**

48 / 审时度势口诀

军争为利，军争为危。举军而争利则不及，委军而争利则辎重捐。是故卷甲而趋，日夜不处，倍道兼行，百里而争利，则擒三将军，劲者先，疲者后，其法十一而至；五十里而争利，则蹶上将军，其法半至；三十里而争利，则三分之二至。是故军无辎重则亡，无粮食则亡，无委积则亡。

——《孙子兵法·军争篇》

华杉曰

这一段有三个道理。

一是难者不会，会者不难。**对于智者是利益，对于愚者就是死路**。如果知其然不知其所以然，就不要以为别人行，我也能行。

二是行军是战斗的一部分，甚至是比交战更重要的一部分。兵法还讲，宿营是战斗的一部分，在哪儿宿营，什么时候宿营，这甚至比交战更能决定胜败。到交战的时候，胜败已经定了，由行军和宿营的决策定了。

三是军队非常脆弱，一个不注意就得死。天下之至强，也是天下之至弱。**在我们觉得自己很强大的时候，要更加小心，看看自己是不是其实很脆弱。**

49 / 审时度势口诀

故兵以诈立，以利动，以分合为变者也。

——《孙子兵法·军争篇》

华杉曰

兵以诈立，这句话有点误导。有人把这句话当成《孙子兵法》的核心思想。但是，从整个《孙子兵法》来看，“五事七计”，先胜后战，都不是诈来的。

诈是什么？还是用足球赛来解释最简单，就是假动作。可以说每一脚前面都是假动作。诈，就是隐藏自己的意图，欺骗敌人，调动敌人，“多方以误”，想方设法引他失误。

以足球为例，**诈是假动作，但你不能专练假动作**。兵以诈立，但你若把这当成了价值观，认为诡诈之人才能成事，那就是自欺欺人，把自己诈进去了。孙子讲诡诈，但他可不是诡诈之人。

“以利动”，不是见利而动，是有利才动。

50 / 审时度势口诀

故其疾如风，其徐如林，侵掠如火，不动如山。

——《孙子兵法·军争篇》

华杉曰

这四句，算是《孙子兵法》在日本影响最大的四句话，因为日本战国大名武田信玄，将“疾如风，徐如林，侵掠如火，不动如山”十四个大字，用金泥书写在青色绢布上，作为武田军军旗，称为“孙子旗”。

“疾如风”，一是进攻，二是撤退，进攻则迅疾如风，撤退则去无影踪。军阵像树林一样整齐，徐徐而行，无懈可击。进攻的时候就像熊熊烈火。“不动如山”，是讲防守。军队不动的时候，就像山一样不可撼动。“风林火山”，是讲迅疾和持重。

51 / 审时度势口诀

三军可夺气，将军可以夺心。

——《孙子兵法·军争篇》

华杉曰

“三军可夺气”，是打击敌军的士气，让他气势低落颓丧，让他没意思，提不起劲。士气没了，力气就没了，战斗力就没了。

美国心理学家迈尔提出了一个“疲劳动机理论”，可以解释士气和战斗力的关系问题。该理论认为，人体的总能量是一个常量，每个人每天都根据自己的需要和动机水平对能量进行分配。动机强度高，分配的能量就高；动机强度低，分配的能量就低。

气势决胜。气势的关键在于气机，气机的关键在于将领。**要有守气的意识，要有养气的办法。**

52 / 审时度势口诀

是故朝气锐，昼气惰，暮气归。善用兵者，避其锐气，击其惰归，此治气者也。

——《孙子兵法 · 军争篇》

华杉曰

要治气，持续地保持朝气、锐气，是个人、团队的关键。

我们观察自己和团队里的人，初出茅庐时，没有放松自己的资格，个个努力拼命，这是朝气、锐气。

干了十几、二十年，财务压力没了或小了，有了家庭，便要享受生活。这时候如果认识和能力没有真正上台阶，不能找到自己新的价值，以及新的价值释放方式，不能转型升级，就会有惰气。

惰气再发展下去，就成了暮气，这时人就废了。

我们检讨自己，随时要保持自己的锐气，保持自己的本色，尽自己的本分。精力不如年轻的时候，就要把锐气集中，既不能离开一线，要保持接地气，又要转型升级，从成就自己到成就他人。

要随时有治气的意识，治自己的气，治团队的气。至于能不能治别人的气，我们也不打仗，最好还是集中精力管好自己，别自己没管好，老是琢磨别人。

53 / 审时度势口诀

以治待乱，以静待哗，此治心者也。以近待远，以佚待劳，以饱待饥，此治力者也。无邀正正之旗，勿击堂堂之阵，此治变者也。

——《孙子兵法·军争篇》

华杉曰

用自己的严整等待敌人的混乱，用自己的镇静等待敌人的急躁喧哗，这是“治心”。

“治气”“治心”“治力”“治变”，是保持队伍战斗力优势的四个要点。而**治自己的心，是一切的根本**。

先到战场，等敌人远道而来；自己安逸休整，等敌人疲劳奔走；自己吃饱，等敌人挨饿，这是“治力”，是保持战斗力的方法。“治变”，是善治变化之道，以应敌人，根据敌人的情况来变通。

54 / 审时度势口诀

故用兵之法，高陵勿向，背丘勿逆，佯北勿从，锐卒勿攻，饵兵勿食，归师勿遏，围师必阙，穷寇勿迫，此用兵之法也。

——《孙子兵法·军争篇》

华杉曰

气不一样，是意志力不一样。意志力不一样，战斗力就大不一样。**治气，就是衡量双方的意志力，较量双方的意志力。**

困兽犹斗，狗急跳墙，敌人已到了绝境，不要急于迫近，不要逼得他无路可走，那样他会跟你死战的。

这“穷寇勿迫”，不知怎么就传成了“穷寇莫追”。孙子可从来没说过穷寇莫追。“勿迫”和“莫追”，是完全不同的两个概念。

要追，怎么不追呢?

毛泽东说:“宜将剩勇追穷寇，不可沽名学霸王。”

55 / 审时度势口诀

涂有所不由，军有所不击，城有所不攻，地有所不争，君命有所不受。

——《孙子兵法·九变篇》

华杉曰

不战，也是战斗的一部分。这是一个利弊衡量，也是一个全局观。利弊衡量，是杀敌一千，自伤八百，不值。全局观，是局部有利，全局可能不利，耽误时间，耽误决胜的战机。

“军有所不击”，这话看起来简单，一听就懂。但是，我们读书是为了观照自己。对照一下自己，就发现没有一天是做到的。没有做到事有所不干，没有做到应酬有所不去，没有做到酒有所不喝。

别认为勤奋光荣，别以为自己是战斗英雄，别一歇下来不干活就有负罪感，如果你每天忙得要死，恨不得抓住所有机会，最后是猴子掰苞谷，没有多大成效，也没有真正的积累。不如停下来，好好计划一下到底要什么。

56 / 审时度势口诀

是故智者之虑，必杂于利害。杂于利，而务可信也；杂于害，而患可解也。

——《孙子兵法·九变篇》

华杉曰

智者能兼顾利、害两方面的考虑，既要看到有利条件，也要看到不利条件。

趋利莫忘避害。但人都有侥幸心理，一厢情愿。利中见到害，也认为那害发生的概率很小，没事！害中见利，没有的利他也能看出来，并坚信一定会发生！

利害哲学：既能利中见害，又能害中见利。

57 / 审时度势口诀

故用兵之法：无恃其不来，恃吾有以待也。无恃其不攻，恃吾有所不可攻也。

——《孙子兵法·九变篇》

华杉曰

用兵的法则，不指望敌人不来，而要依靠我们有充分的准备来应对他。不要指望敌人不向我们进攻，而要依靠我们有敌人进攻不下的力量和办法。

居安思危，在治思乱，戒之于无形，防之于未然，每天都在解决困难，随时都在准备出事，因为出事是必然的，不出事是不可能的。

58 / 审时度势口诀

故将有五危：必死，可杀也；必生，可虏也；忿速，可侮也；廉洁，可辱也；爱民，可烦也。凡此五者，将之过也，用兵之灾也。覆军杀将，必以五危，不可不察也。

——《孙子兵法·九变篇》

华杉曰

领导力，很大程度上是一种性格。反之，**领导者的灾难，往往也是一种性格缺陷**。

将领有五种性格缺陷，是最危险的：

一、不怕死，一味死拼，就会被敌人所杀。

二、贪生怕死，没有必死之心，又会被俘虏。

三、愤怒急躁，经不起刺激，会中人激怒之计，愤而出战送死。

四、廉洁，爱惜名誉，受不得侮辱，会为了维护自己的名誉，洗清别人泼到自己身上的脏水，而不顾巨大的风险出战，就会中计。

五、爱护居民，也会被人利用，或让他为掩护居民而烦劳，或驱使人民为炮灰，让他不忍作战，而敌人就藏在这些“人民”里面。

59 / 审时度势口诀

绝水必远水；客绝水而来，勿迎之于水内，令半济而击之，利；欲战者，无附于水而迎客，视生处高，无迎水流，此处水上之军也。

——《孙子兵法·行军篇》

华杉曰

学习兵法的痛苦是对方也懂兵法，学习博弈论的痛苦是对方不懂博弈论。因为兵法是教我赢，对方也懂，就不容易赢。博弈是追求共赢，对方不懂博弈论，你能算出双方共同的最优解。他却不懂、不会算，结果把你拖下水，两败俱伤。

60 / 审时度势口诀

兵非益多也，惟无武进，足以并力、料敌、取人而已。夫惟无虑而易敌者，必擒于人。

——《孙子兵法·行军篇》

华杉曰

我们常说，多个朋友多条路。但是，朋友可以帮你，你不能指望朋友。很多人每天跑各种场子希望“认识人”。其实，**你要是自己有点本事，有点自己的正事，根本没时间，也没动力去“认识人”，**还不如在家带孩子。在孩子身上投资的时间不够，才是职场人士的通病和战略投资的重大错误。

61

/ 审时度势口诀

卒未亲附而罚之，则不服；不服，则难用也。卒已亲附而罚不行，则不可用也。故令之以文，齐之以武，是谓必取。令素行以教其民，则民服；令不素行以教其民，则民不服。令素行者，与众相得也。

——《孙子兵法 · 行军篇》

华杉曰

人与人之间的关系最深刻的本质，就是相互驯养。

上下级之间相互驯养，夫妻之间相互驯养，企业和消费者之间相互驯养，官府与百姓之间相互驯养。驯养，就是建立联系，我们之间有联系，我知道你会对我怎样，在什么条件下会怎样，在什么情况下会怎样，在什么时间会怎样。我也知道，我该对你怎样。

驯养，就是爱与责任，期待与依赖。

驯养关系是深刻的，但越深刻越脆弱，经不起任何一丁点儿背叛。

驯养是没有意外的，一切都很踏实，比如马戏团驯兽，训练海豚顶球，顶一次一定会得到一条小鱼，绝不会落空，如果有一次落空，这马戏就演不起来了。

一个团队，就要有相互驯养的意识、精神和仪式。

62 / 审时度势口诀

孙子曰：地形，有通者，有挂者，有支者，有隘者，有险者，有远者。我可以往，彼可以来，曰通。通形者，先居高阳，利粮道，以战则利。可以往，难以返，曰挂。挂形者，敌无备，出而胜之；敌若有备，出而不胜，难以返，不利。

——《孙子兵法·地形篇》

华杉曰

我们读兵法会发现，很多时候，等待都是最好的策略。你一定要懂得等，等得起。

其实兵法最重要的，不是打，而是不打。我们为什么会失败呢？为什么会损兵折将呢？就是因为我们打了。

如果不打，就不会失败。

不打，永远有机会打。打败了，死了，就什么机会也没有了。

所以孙子讲先胜后战，赢了再打，没有赢就不要打。可见打的情况是少数，大多数情况下都选择不打。打，就一战而定。学会等待，学会不打，才是真英雄。从头打到尾，是电影里的英雄，为了让电影好看。

真英雄都懂得一个最通俗的道理——不作死，就不会死。

63 / 审时度势口诀

隘形者，我先居之，必盈之以待敌；若敌先居之，盈而勿从，不盈而从之。险形者，我先居之，必居高阳以待敌；若敌先居之，引而去之，勿从也。远形者，势均，难以挑战，战而不利。凡此六者，地之道也，将之至任，不可不察也。

——《孙子兵法·地形篇》

华杉曰

懂得地形之道，是将领的至关重要的责任。

打仗，我们都愿意鼓起必胜的信心。但**对于将领来说，“必败的判断”比“必胜的信心”更重要**。知道自己失了先机，丢了地利，就不要打。最怕的就是不知道自己会失败，盲目去打。

64

/ 审时度势口诀

故兵有走者，有弛者，有陷者，有崩者，有乱者，有北者。凡此六者，非天之灾，将之过也。

——《孙子兵法·地形篇》

华杉曰

这是讲“六败”。军队有“走、弛、陷、崩、乱、北”六种必败的情况。这六种情况，不是天灾，都是将领的过错。败，都是败给自己，都是主帅的责任。

65 / 审时度势口诀

将不能料敌，以少合众，以弱击强，兵无选锋，曰北。

——《孙子兵法 · 地形篇》

华杉曰

这里关键是“兵无选锋”的“选锋”，用兵一定要“选锋”，把最精锐的士卒选拔出来，组成先锋队，像一把尖刀，插向敌人。可以说，没有选锋，就只有兵，没有锋，没有兵锋。

带队伍，一定要选锋。

士卒参差不齐，不能混在一起。如果混在一起，勇健的没有得到重视，没有荣誉感，没有战斗欲。疲弱的呢，天塌下来有高人顶着，上了战场，他躲在强者后面，出而不战。所以兵法说，兵无选锋，就要失败。

66 / 审时度势口诀

夫地形者，兵之助也。料敌制胜，计险阨、远近，上将之道也。知此而用战者必胜，不知此而用战者必败。

——《孙子兵法·地形篇》

华杉曰

地形是用兵的辅助条件。判明敌人企图、研究地形险易、计算道路远近、制订用兵计划，这是上将之道。懂得这些道理而去指挥作战的，有胜的把握；不懂得这些道理的，必败。

地形很关键，所谓天时不如地利，但也只是辅助条件，因为地利不如人和。人才是根本。不是说得地利不如得人，而是说得“道”之人，才能审地利、料敌情、决战得胜。

67 / 审时度势口诀

故进不求名，退不避罪，唯人是保，而利合于主，国之宝也。

——《孙子兵法 · 地形篇》

华杉曰

孙子的职业道德观：进不求名，退不避罪。

进不是为了求名，见利于国家、人民，则进。退不怕得罪，如果进则有祸国殃民之害，君命让进也不进，哪怕因此得罪，也不后悔。孙子所论，并非仅为了国家人民，而是“唯人是保，利合于主”。保护人民，保护将士们的生命安全，不要他们作无谓的牺牲，而利益呢，要符合主君的利益。主君的利益和国家人民的利益，是有区别的。

68 / 审时度势口诀

厚而不能使，爱而不能令，乱而不能治，譬若骄子，不可用也。

——《孙子兵法 · 地形篇》

华杉曰

如果只知厚待而不能指使，一味溺爱而不能命令，违法乱纪也不能治理，那士兵就成了骄子，没法使用了。

一旦已经习惯了的恩情没了，就成了仇人。其实有什么仇呢？并没有任何伤害，只是停止了恩情而已。但对你来说，是停止了给予；对他来说，却是被夺走了既得利益。

所以**恩怨、恩仇，没有恩，就没有怨；没有恩，就没有仇**。曾经有多大恩，现在就有多大怨，就有多大仇。

将驭之道，就是爱与畏，赏与罚。

畏的本质，在于“畏我者不畏敌，畏敌者不畏我”。怕上级的，他就不怕敌人不怕死。不怕上级的，就一定怕敌人怕死。所以畏的标准，就是上级要比敌人更可怕。

69 / 审时度势口诀

知吾卒之可以击，而不知敌之不可击，胜之半也；知敌之可击，而不知吾卒之不可以击，胜之半也；知敌之可击，知吾卒之可以击，而不知地形之不可以战，胜之半也。

——《孙子兵法·地形篇》

华杉曰

知己不知彼，或知彼不知己，都不能决胜。

唐太宗说："吾尝临阵，先料敌之心与己之心孰审，然后彼可得而知焉。察敌气与己之气孰治，然后我可得而知焉。是以知己知彼，兵家大要。今之大臣，虽未知彼，苟能知己，则安有失利者哉。"

李世民能看透敌人，也能认清自己，而且能动态地把握、驾驭敌我军情、军心的变化，制造必胜的时机。他说如果你们没有我这个水平，不用把敌人看透，只要能认清自己，也不至于失败。

这是李世民的知己知彼观，**你没本事知道别人，但一定要知道自己**。我很认同这一点，我们学习知己知彼的时候，关注的都是怎么知道别人，自以为对自己很了解。实际上，人的毛病，都是不能正确认识自己，而不是不能认识别人。

70 / 审时度势口诀

故知兵者，动而不迷，举而不穷。故曰：知彼知己，胜乃不殆；知天知地，胜乃不穷。

——《孙子兵法·地形篇》

华杉曰

懂得军事的人，行动不会迷惑，措施变化无穷。

行动之前都看透了、想透了，所以不会迷惑。知己知彼、知天时地利，所以有任何变化都了然于胸，随时应对，不会无计可施。

所以，**知己知彼，胜利就没有危险；懂得天时地利，胜利就有完全的保障**。

第四章 逆风翻盘口诀

71 / 逆风翻盘口诀

我得则利，彼得亦利者，为争地……争地则无攻。

——《孙子兵法·九地篇》

华杉曰

就像前面说的，散地、轻地说起来是不同的地势，实际上都是心理战，是“治气”，治自己的士气，治对方的士气。从散地、轻地、争地的战法，我们看到，始终围绕的都是心理因素，是双方精神力量的消长。

力量的关键是意志力。

72 / 逆风翻盘口诀

疾战则存，不疾战则亡者，为死地。（……死地则战。）

——《孙子兵法·九地篇》

华杉曰

死地怎么办？死地则战，必须马上作战，因为疾战则存，不疾战则亡。

这一点很重要！因为大多数情况下，都是可以等的。但是将领以为不能等，以为“疾战则存，不疾战则亡”，最后落个“不作死，就不会死”的结局。

其实并不是疾战就一定能从死地中存活下来。如果快快作战就能生存，那就不叫死地，叫“快活地”了。

“置之死地而后生”，是九死一生，存活率太低，不能学。要学的是怎么不进入死地。进入死地之后，不能追求生，而是追求必死，但死得够本，多捞几个垫背的，这样或许有生的可能。**置之死地而后生，不是教你求生的办法，是教你接受死亡！**

所有的冒险都不是用来学习的，只是被逼到那份儿上之后，看你的命硬不硬。

73 / 逆风翻盘口诀

所谓古之善用兵者，能使敌人前后不相及，众寡不相恃，贵贱不相救，上下不相收，卒离而不集，兵合而不齐。合于利而动，不合于利而止。敢问：敌众整而将来，待之若何？曰：先夺其所爱，则听矣。

——《孙子兵法·九地篇》

华杉曰

军队，组织起来才是军队，如果没有组织，一百万人也不过是待宰的羔羊而已。所以**指挥作战的艺术，就是打乱敌人的组织**。历史上所有以少胜多的战役，都是人数多的一方组织动员能力差，或指挥系统被打乱了。

但是，如果敌军不乱，而且人数众多，阵形整齐地向我进攻，怎么办呢？那就先夺其所爱。

敌人“爱”的，一是有利地形，二是粮食。把这两样东西给他夺了，他就慌了、乱了，就没法雄赳赳、气昂昂地向我们冲杀了。

74 / 逆风翻盘口诀

凡为客之道：深入则专，主人不克；掠于饶野，三军足食；谨养而勿劳，并气积力；运兵计谋，为不可测。

——《孙子兵法·九地篇》

华杉曰

俗话说：“养兵千日，用兵一时。”这句话一般用来告诫士卒，国家养你，你要到战场上报效祖国。不过它的原意并非如此，出处是《南史·陈暄传》：“兵可千日而不用，不可一日而不备。”

这段话三层意思。一是养兵千日，兵养着，谨养而勿劳，并气积力，你不用，这气力都在。一用，就用掉了。

二是用兵一时，所以一定要等到那关键的一时，迅雷不及掩耳，一把用出去，才能制胜。就像两个人拿着刺刀决斗，你的刺刀在手里拿着，没刺出去，气力都在。你一把刺出去，没刺着对方，刺刀又没收回来，这时候你就门户大开，气力全无，几乎是不设防的状态，对方一抓住这个机会，你就完了。

所以刺刀的力量在于没刺出去的时候，刺出去就得有结果，如果刺出去却没结果，恐怕就要被别人结果了。

第三层意思，是防备，一刻不能松懈，一松懈，就被敌人连窝端了。

75 / 逆风翻盘口诀

故善用兵者，携手若使一人，不得已也。

——《孙子兵法·九地篇》

华杉曰

善于用兵的人，能使全军携手作战，团结如一人，因为他能造成那不得不服从的情势，人人都被他绑在了战车上，迫不得已，只能听他的，除此无路可走。

这和前面《势篇》说的“治众如治寡，斗众如斗寡”是一个道理，掌握军政之道的人，指挥多少人，都像指挥一个人一样自如，同进同退，齐心协力。

76 / 逆风翻盘口诀

将军之事，静以幽，正以治，能愚士卒之耳目，使之无知；易其事，革其谋，使人无识；易其居，迂其途，使人不得虑。

——《孙子兵法·九地篇》

华杉曰

作为领导者，不是风风火火，忙忙碌碌，咋咋呼呼，而是镇静平和，不紧不慢，有充分的时间思考，有条有理，举止适度，一切尽在掌握之中。

我们想成功，想得到成功，总是在动中得，通过自己的动，去把握，去抓取。而往往东抓西抓，却空劳一场，什么也没抓住。**要静下来，认真思考，踏实积累，不是在动中抓，而是让成果在静中来**。这是兵家的思想，也是佛家的思想，是军事思想，也是人生智慧。所以有人说，太忙的人不会成功。

我们想管住别人，对别人有很多的规矩、很多的要求，却没有想正人先正己，用自己的正，带来整支军队的正。儒家说："诚意正心修身齐家治国平天下"，兵家也有正身以齐军的道理。

77 / 逆风翻盘口诀

聚三军之众，投之于险，此谓将军之事也。

——《孙子兵法·九地篇》

华杉曰

巴顿将军的名言：

“I want you to remember that no bastard ever won a war by dying for his country. He won it by making the other poor dumb bastard die for his country. ”

“我要你们记住，没有哪个杂种是靠为国捐躯来赢得一场战争的。要赢得战争，靠的是让敌国那些可怜的杂种为他们的国家捐躯。”

“聚三军之众，投之于险”，你有责任让他们活着回来。用曾国藩的话说，你带他出来，当他战后回到家，回到父母兄弟身边，还是一个朴实的、只是更成熟的青年，而不是吃喝嫖赌抽“五毒”俱全的人，不要带他学坏。

这就是仁者、儒将了。

78 / 逆风翻盘口诀

九地之变，屈伸之力，人情之理，不可不察。

——《孙子兵法 · 九地篇》

华杉曰

这里专门提出“人情”，就是对治气的强调，掌握心理人情，才能驾驭士气。不仅能驾驭我军的士气，而且能驾驭敌军的士气。

儒家讲天理、国法、人情，兵法也讲人情。关于人情兵法，前面治气的战例里都有，就是注意士卒的心理，心理决定士气，士气决定战斗力。

曾国藩说读书，讲两条，一是每日坚持，坚持读一页或一行都行，只要每日都读，精进就快，这叫不疾而速。最怕鼓起劲来就大干一场，过了劲又撂下不管，那就很难完成。

日拱一卒，是完成任何工作、实现任何目标理想的关键。成功都靠拱卒，不靠出车，因为没有那么多车可以出。但很多人只喜欢出车，你跟他说拱卒的事，他就是不爱听。

第二条是一本未读完，不动下一本，这样你就不会留下一大堆半途而废没读完的书。

这算是读书的兵法吧。

79 / 逆风翻盘口诀

夫霸王之兵，伐大国，则其众不得聚；威加于敌，则其交不得合。是故不争天下之交，不养天下之权，信己之私，威加于敌，故其城可拔，其国可隳。

——《孙子兵法 · 九地篇》

华杉曰

王霸之道，打铁关键是自身硬，你的政治、经济、文化、军事全面领先，你就可以行王道于天下，不需要去跟这个结盟，跟那个结交，勾这个的心，斗那个的角，那不是王霸之国干的事儿。

领导世界，就是要为世界牺牲自己。一点都不牺牲，哪有资格领导别人呢？今天想不流血牺牲，不靠自己的力量，而是靠争天下之交、养天下之权来治天下，那就只能为天下人所耻笑。

80 / 逆风翻盘口诀

施无法之赏，悬无政之令。犯三军之众，若使一人。犯之以事，勿告以言；犯之以利，勿告以害。

——《孙子兵法·九地篇》

华杉曰

为将者，要让士兵们对你深信不疑，但“深信”是原因，“不疑”才是目的。所以最好的方式，是不给他们信不信的机会，直接就“不疑”了。

孔子说：“民可使由之，不可使知之。”也是说这个，你不要跟大家一起分析，越分析他主意越多，顾虑越多，扯不清了。

“犯之以事，勿告以言”，是不要让他思考，不要让他判断，不要让他怀疑，只一心跟着干。“犯之以害，勿告以利”，是只告诉他们去夺利，不要告诉他们有危险。因为人情都是趋利避害。要让大家见利而亡命，不能见害而疑惧不敢进。

还是要人不疑，不惧。

81

/ 逆风翻盘口诀

投之亡地然后存，陷之死地然后生。夫众陷于害，然后能为胜败。

——《孙子兵法·九地篇》

华杉曰

不到生死存亡的时候，士兵不能置生死于度外，专心致志、死心塌地地殊死作战，因为他们还有别的选择。所以要把他们投放到亡地、死地、绝境，才能爆发出他们的小宇宙，打败敌人。

82 / 逆风翻盘口诀

故为兵之事，在于顺详敌之意，并敌一向，千里杀将，此谓巧能成事者也。

——《孙子兵法·九地篇》

华杉曰

这就是“将欲取之，必先予之”的意思。指挥作战，在于顺着敌人的意图，让他得志，让他松懈，然后打他。

我们要打敌人，又找不到他的空隙，那就把自己隐藏起来，敌人要做什么，都顺着他，别惊动他。假如他强悍，要欺负我，我就示弱示怯，显得很害怕，让他逞强，让他骄傲，等他懈怠，然后设埋伏打他。假如他想撤退回国，我就开围一面，让他退出，然后击其惰归。

害人的道理都一样，就是顺着他，让他自己变坏。所以忠言逆耳，而奸臣对你都是百依百顺。

83 / 逆风翻盘口诀

夫战胜攻取，而不修其功者凶，命曰费留。

——《孙子兵法·火攻篇》

华杉曰

战胜攻取，却不能巩固胜利、修明政治的，那是凶兆，要遭殃，这叫“费留”。

军事胜利之后，必须有政治胜利，否则，军事胜利反而会成为灾难。你看现在战争的泥潭、战后的黑洞，费财疲兵，留在那儿成为巨大的灾难。

战胜易，守胜难。

84 / 逆风翻盘口诀

故曰：明主虑之，良将修之。非利不动，非得不用，非危不战。主不可以怒而兴师，将不可以愠而致战；合于利而动，不合于利而止。怒可以复喜，愠可以复悦，亡国不可以复存，死者不可以复生。故明君慎之，良将警之，此安国全军之道也。

——《孙子兵法·火攻篇》

华杉曰

英明的国君要慎重地考虑这些事，优秀的将领要认真地研究这些事。没有利就不要行动，不能取胜就不要用兵，不到危迫就不要作战。

国君不可以因为愤怒而兴师，将领不可以因为愤怒而作战。对国家有利才行动，对国家不利就停止。愤怒可以恢复为喜悦，气愤可以恢复为高兴，但亡国不可复存，人死不能复生。明君要慎重，良将要警惕，这才是安国全军之道啊！

85

/ 逆风翻盘口诀

凡兴师十万，出征千里，百姓之费，公家之奉，日费千金；内外骚动，怠于道路，不得操事者七十万家。

——《孙子兵法 · 用间篇》

华杉曰

关于战争的耗费，孙子在第二篇《作战篇》里就详细反复地强调过，这里再一次强调，我们可以看到孙子的价值观，就是对战争的耗费、胜利的代价非常谨慎。不像我们现在有的人随口就喊“不惜一切代价”，就像邓小平说的“空话太多了”。**任何事情都有代价，做事最重要的计算，就是计算代价，有利则行，无利则止。**

86 / 逆风翻盘口诀

相守数年，以争一日之胜，而爱爵禄百金，不知敌之情者，不仁之至也，非人之将也，非主之佐也，非胜之主也。

——《孙子兵法·用间篇》

华杉曰

战争的耗费这么大！相持数年，就等胜利的那一天！在每天这么大的耗费下，如果舍不得在间谍工作上花钱，从而不知敌情，那这将领就是最不仁慈、最不负责的将领，不是国君的好辅佐，不是能打胜仗的好主帅。

“不仁之至也”，孙子对这种行为的批评，把“不仁”放在第一位，因为这是不体恤国家、不体恤人民的行为。整部**《孙子兵法》的价值观，就是“用仁义，使权变”，在学习的时候一定要注意，仁义是本，权变是末**。人们往往以为权变、诡道是兵法的核心，那就学不懂兵法了。

87 / 逆风翻盘口诀

故明君贤将，所以动而胜人，成功出于众者，先知也。先知者，不可取于鬼神，不可象于事，不可验于度，必取于人，知敌之情者也。

——《孙子兵法·用间篇》

华杉曰

明君贤将，动辄战胜敌人，成功超出众人者，就在于事先了解情况。要想事先了解情况，不可占卜问鬼神，不能用相似的事情推测，不能用证验日月星辰运行位置的办法去求知敌情。一定要有人在现场实地看过问过，才知道。

故用间有五：有因间，有内间，有反间，有死间，有生间。五间俱起，莫知其道，是谓神纪，人君之宝也。因间者，因其乡人而用之。

——《孙子兵法·用间篇》

华杉曰

间谍有五种：因间、内间、反间、死间、生间。五种间谍一起使用，敌人都不知道消息是从哪儿泄露的，这就是神妙的道理，国君的法宝。因间，是诱使敌国乡人做间谍。

89 / 逆风翻盘口诀

内间者，因其官人而用之。

——《孙子兵法 · 用间篇》

华杉曰

内间，是利用敌方的官吏。

我们常哀叹某某主君为小人所误。那小人呢，并不都是坏人，往往就是一些没有见识的人，他自以为对主君忠心得很，主君也认为他是忠心的。往往这种人，最容易被发展成内间，因为他根本不知道自己在做内间，也不能识别发展他的人送他东西的目的。这种没见识的小人，对国家的破坏，比真正的坏人还大！因为主君对他不设防，认为他没坏心。

所以国家不能用所谓“有德无才”的人，国家大事，只有有足够才能的人，才能理解，才能参与讨论。真正德高者，其才也高，因为德就是最大的见识，**这世上没有“有德无才”这回事，“才”是“德”的前提。没有才的人，不可能有德。**

90 / 逆风翻盘口诀

反间者，因其敌间而用之。

——《孙子兵法 · 用间篇》

华杉曰

“反间”，就是诱使敌方间谍为我所用。怎么诱他呢？杜牧说有两种方式：“敌有间来窥我，我必先知之。或厚赂诱之，反为我用，或佯为不觉，示以伪情而纵之，则敌人之间反为我所用也。”要么用厚礼贿赂他，让他更愿意跟我干；要么假装不知道，故意演些假戏给他看，让他回去误导他的主君。

但其实，**所有的疑心，都是怀疑自己。**

91

/逆风翻盘口诀

死间者，为诳事于外，令吾间知之，而传于敌间也。生间者，反报也。

——《孙子兵法·用间篇》

华杉曰

死间是最悲惨的了，被派出去的时候，就已经被自己人出卖了。什么叫死间呢？就是传递一些假消息给自己的间谍或使者，让他带给敌人。不知道自己掌握的消息是假的，当然一不可能泄密，二更能得到敌人的信任，三呢，他当然也不知道保护自己。当事情败露的时候，他一定会被敌人杀死，所以叫死间。

生间相反，是活着回来汇报的。

92 / 逆风翻盘口诀

故三军之事，莫亲于间，赏莫厚于间，事莫密于间。

——《孙子兵法 · 用间篇》

华杉曰

每一个派出去的间谍，都可能被对方发展为反间。如果我不是亲自领导，重重赏赐，恩义相结，就可能反为敌所用，出卖我方军情了。

要肯花钱，在间谍工作上，花再大的钱，都是小钱，因为你一是在买天下，二是在买自己的生命，结局就是在得到天下和丢掉性命中二选一。

没有什么比间谍工作更秘密的事，间谍工作，就是地下工作、秘密工作。

93 / 逆风翻盘口诀

非圣智不能用间，非仁义不能用间，非微妙不能得间之实。微哉微哉，无所不用间也！

——《孙子兵法·用间篇》

华杉曰

陈平是专给刘邦做间谍工作的，他有什么本事呢？就是有分猪肉的本事。分猪肉的本事，就是平衡各方利益的本事，调动各方积极性的本事，协调各方关系的本事，这就是做宰相的本事。

仁义，是一种领导力，既能与人心心相印，又能不吝啬赏赐，决策断事还能果决无疑。你的胸怀，你的人格，你的情义，你的慷慨，你的洞察，你的决断，你的本事，都让人服气！让人除了踏踏实实、死心塌地跟你干之外，不作他想！

间谍工作太高深、太凶险了，我们的任何间谍，都可能被敌人策反、被敌人控制。驾驭间谍，既要推心置腹，恩义相结，又不能信任任何人。这种推心置腹和不能信任之间的关系，太微妙了。

94 / 逆风翻盘口诀

间事未发，而先闻者，间与所告者皆死。

——《孙子兵法 · 用间篇》

华杉曰

间谍工作还在进行，就事先告诉了别人，那么间谍和知情者都要被处死。处死间谍，是惩罚他泄密；处死知道秘密的人，是为了灭口。

所以做保密工作，组织纪律一定要很严格，连家人也不能多说一个字。搞“两弹一星”的工作人员，离家一走就是好几年，家人不知道他去了哪，也不知道他什么时候回来，也不能通信。这就是保密工作，要让人保守秘密，最好的办法就是不让他知道。

95 / 逆风翻盘口诀

凡军之所欲击，城之所欲攻，人之所欲杀，必先知其守将、左右、谒者、门者、舍人之姓名，令吾间必索知之。

——《孙子兵法·用间篇》

华杉曰

做主帅，不仅对自己的手下人员要熟悉，对敌军上下各个将领的人物背景、军事能力、性格特征，甚至个人爱好，都要熟悉了解。

还要重视大人物身边地位低的人，这些人最能帮你办大事。

96 / 逆风翻盘口诀

必索敌人之间来间我者，因而利之，导而舍之，故反间可得而用也。

——《孙子兵法 · 用间篇》

华杉曰

一定要把敌国派到我国的间谍找出来，重利收买他，把他留下来，诱导他，这样反间就可以为我所用。

扣留对方使者，拖延时日，以期能策反以为己用。汉朝与匈奴之间，频繁互派使者，大都有间谍任务，相互扣押使者，也是常事。其中苏武被扣十九年也不投降，留下了“苏武牧羊”的千古传奇。

97 / 逆风翻盘口诀

因是而知之，故乡间、内间可得而使也。

——《孙子兵法·用间篇》

华杉曰

通过反间了解了情况，则乡间、内间就可以为我所用了。

通过和反间谈话，知道敌国乡人中贪利之徒，也知道朝廷大臣谁跟谁有矛盾，就可以安排下一步如何利用。

所以反间，也不是必须策反他，让他投降，而是要把他留下来，酒肉侍候着，不停地跟他聊，让他言多必失。

98 / 逆风翻盘口诀

因是而知之，故死间为诳事，可使告敌。因是而知之，故生间可使如期。五间之事，主必知之，知之必在于反间，故反间不可不厚也。

——《孙子兵法 · 用间篇》

华杉曰

通过从反间那里了解情况，就知道什么样的假情报可以对敌方起到颠覆性作用，就可以派死间去传递假情报。通过反间了解敌人的疏密，生间就可以按期汇报敌情。五间之事，反间为本。用间要下大本钱，反间要下最大本钱！

99 / 逆风翻盘口诀

昔殷之兴也，伊挚在夏；周之兴也，吕牙在殷。故惟明君贤将，能以上智为间者，必成大功。此兵之要，三军之所恃而动也。

——《孙子兵法 · 用间篇》

华杉曰

孙子强调间谍的重要，得到什么人，都不如得到对方的人。不仅要得到对方的人，还要得到对的人。得到的人不对，还是赢不了别人。

所以明君贤将，任用有大智慧的人做间谍的，必成大功。这是用兵的关键，整个军队都要依靠间谍的情报来决定行动。

《孙子兵法》的核心思想是什么？就是四个字：先胜后战。

“计”，是为了先胜，有胜算而后举兵；“间”，还是为了先胜，掌握敌情，知己知彼，然后出战。

“先胜后战”的关键是什么呢？是不胜不战。